Instagram Marketing für Einsteiger

Wie Sie die Grundlagen des Online Marketing leicht verstehen, Follower und Reichweite aufbauen und durch Kooperationen neue Kunden gewinnen

Alexander Martens

INHALT

Einführung in das Instagram Marketing

Wenn Sie eine Anleitung benötigen, die Ihnen die detaillierten Schritte zum Verkauf auf Instagram verrät, sind Sie im richtigen Artikel.

Darüber hinaus hängt Instagram im Gegensatz zu anderen Social-Networking-Sites wie Twitter, die von den geschriebenen Inhalten und auch von Facebook abhängen, hauptsächlich von Fotos und Videos ab.

Instagram ist der beste Marketingkanal für diejenigen, deren Marketingkampagnen neben dem, was darüber bekannt ist, vom visuellen Inhalt von Bildern und Videos abhängen. Es ist die interaktivste unter den verschiedenen anderen Kommunikationsplattformen und die Interaktionsrate ist immer höher als bei anderen.

WAS IST BEZAHLTES UND KOSTENLOSES INSTAGRAM-MARKETING?

Man kann sagen, dass es auf Instagram zwei Arten von Anzeigen gibt: bezahlte Anzeigen, die am effektivsten und schnellsten sind, um Ergebnisse zu erzielen, und die andere freie Form, die von der Bereitstellung attraktiver Inhalte abhängt, die sicherstellen, dass die Aufmerksamkeit auf Sie gelenkt wird und das Publikum Ihnen folgt. Wenn Sie ein eigenes Unternehmen haben, ist es wichtig, zu wissen, dass Sie sich auf Instagram verlassen können, um Ihr Unternehmen und die von ihm angebotenen Dienstleistungen zu bewerben und zu vermarkten.

BEZAHLTES MARKETING

Bezahlte Werbung auf Instagram hilft Ihnen dabei, die Zielgruppe und potentielle Kunden genau zu erreichen, indem Sie die Kategorie identifizieren, die Sie als

Werbetreibender oder Vermarkter wünschen, da Sie die Zielgruppe angeben können, die Ihre Anzeige über viele Optionen wie Alter, Geschlecht, Interessen, demografischen Standort und Verhalten erreichen soll, oder sogar Instagram. Wir helfen Ihnen dabei, die Zielgruppe zu bestimmen, die an Ihrem Unternehmen interessiert sein könnte, basierend auf dem Bereich, in dem Sie tätig sind, und anderen Einflussfaktoren.

Mit bezahlten Anzeigen können Sie auch eine bestimmte Anzahl von Personen angeben, mit denen Sie in Ihrem Beitrag oder Ihrer Anzeige interagieren möchten, und zwar in Bezug auf die Anzeigenansicht und andere Interaktionen von Kommentaren, Posts und Likes. Sie können bezahlte Anzeigen auf Instagram entweder direkt in der Anwendung oder über die Facebook-Seite im Bereich Anzeigenmanager in Facebook-Anzeigen schalten, nachdem Sie das Instagram-Konto für Ihr Unternehmen mit dem Facebook-Konto für dieselbe Aktivität verknüpft haben. Die Arten von Anzeigen, die Sie dort implementieren können, bewerben ein Bild oder eine Gruppe von Bildern innerhalb eines Posts oder einer Situation, bei der es sich möglicherweise um ein Bild oder Video handelt, oder Sie können ein Video innerhalb eines Posts bewerben. Außerdem können Sie den Zweck der Anzeige definieren und festlegen, was Sie erreichen möchten. Möchten Sie Besucher auf Ihre Website locken? Oder, wenn Sie für eine App werben, möchten Sie, dass das Publikum die App installiert?

Die Preise für finanzierte Anzeigen auf Facebook unterscheiden sich je nach den Anforderungen der Anzeigen und anderen Faktoren wie der Anzahl der Zielgruppen, die Ihre Anzeige erreichen soll, und der Interaktion, die Sie mit dem von Ihnen beworbenen Beitrag erzielen möchten, und vielen anderen Faktoren. Aber es gibt auf Instagram bei weitem mehr als bezahlte Anzeigen. Es gibt eine Reihe anderer Formen von Anzeigen auf dieser Plattform, einschließlich nicht finanzierter Anzeigen und Anzeigen über Influencer hinweg, wie Sie in den folgenden Zeilen erfahren werden.

UNBEZAHLTES MARKETING

Dies ist die Form der Werbung, bei der Sie sich auf sich selbst verlassen müssen, um die Öffentlichkeit und die Kunden Ihres Produkts oder Projekts zu erreichen, und es ist bekannt, dass diese Form des Marketings viel Zeit und Mühe erfordert und Instagram dabei kein Einkommen hat.

Sie müssen sich hier an eine Richtlinie zur kontinuierlichen und dauerhaften Veröffentlichung auf Kosten Ihres Unternehmens auf Instagram halten und die Veröffentlichung von Inhalten verfolgen, die für die Öffentlichkeit nützlich sind, um sicherzustellen, dass die Leute Ihnen weiterhin folgen und Ihre Inhalte am besten auch mit anderen teilen. Sie müssen auch auf alle detaillierten Aspekte in Ihren Konto-Posts achten, z. B. auf alle Arten von Veröffentlichungen, die das Publikum bevorzugt und die mehr Interaktion erhalten. Sie sollten die Tags und Hashtags verwenden, um Zugang zu mehr Zielgruppen zu erhalten, sich um die Designs und die Qualität der Bilder kümmern, die Sie Ihren Posts hinzufügen, Ihre Seiten- und Kontodaten analysieren und die Ergebnisse verwenden, um Ihre Marketingleistung auf der Plattform zu verbessern.

Dies bedeutet natürlich nicht, dass Sie bei den finanzierten Anzeigen diese Details nicht benötigen. Der Unterschied besteht jedoch darin, dass Ihre Publikation in den finanzierten Anzeigen mit Sicherheit die Zielgruppe erreicht, unabhängig davon, wie attraktiv der Inhalt ist, da die Website für die Garantie, dass Ihre Anzeige die maßgeschneiderte Zielgruppe erreicht, Mittel von Ihnen erhalten hat, anders als bei den nicht finanzierten Anzeigen. Hier gibt es keine Garantie dafür, dass Ihr Beitrag die Zielgruppe erreicht, da Sie kein Geld bezahlt haben. Es hängt dann davon ab, wie attraktiv Ihre Inhalte sind.

Es wurde zuvor über viele Themen geschrieben, die Marketingfachleuten und ihren Mitarbeitern bei den Marketingaufgaben helfen, die Sie ihnen stellen und die Sie implementieren müssen, und die Ihnen möglicherweise auch beim Marketing über Instagram helfen. Von hier aus lernen Sie, wie Sie ein hervorragendes Marketing-Anzeigenformat schreiben, das Ihren Marketingzielen entspricht, und von hier erfahren Sie, wie Sie ein Produkt vermarkten. In diesem Thema erfahren Sie, wie Sie ein Produkt über Facebook vermarkten: Dies ähnelt dem Instagram-Marketing.

Was halten Sie davon, mit der Technologie Schritt zu halten und Ihre Zielgruppe in einem modernen und unverwechselbaren Stil zu erreichen?

Lesen Sie diesen Abschnitt bis zum Ende weiter und Sie werden hilfreiche Tipps erfahren, die Sie beim Verkauf auf Instagram unterstützen. Erste Schritte zur Vorbereitung auf den Verkauf auf Instagram finden Sie hier:

Wie in jedem Bereich müssen Sie einige Maßnahmen ergreifen, die Sie bereit machen, auf Instagram in die Verkaufswelt einzutreten. Mit anderen Worten, es gibt einige Dinge, die Sie erreichen müssen, um Instagram umfassend und mit dem gewünschten Ergebnis nutzen zu können.

Wenn Sie die Instagram-Anwendung nicht auf Mobilgeräten haben, installieren Sie sie zunächst.

1. Der erste Schritt besteht darin, die App auf Ihrem Gerät zu haben. Wenn Sie noch keinen Instagram-Account besitzen, können Sie sich im Anschluss gleich einen anlegen.

2. Konvertieren Sie dann Ihr Profil von „persönlich" zu „kommerziell".

3. Überlegen Sie sich eine intelligente Richtlinie für die Inhalte, die Sie auf Instagram teilen möchten. Dies hilft Ihnen, in Ihrem Konto erfolgreich zu sein und Follower auf Instagram zu gewinnen.

4. Wählen Sie die ideale Frequenz für Instagram-Posts: Versuchen Sie, herauszufinden, wann Ihr Publikum auf Instagram geht, damit Sie sich viel leichter mit Posts beschäftigen können. Möchten Sie zweimal pro Tag oder dreimal posten? Sie bestimmen die Häufigkeit

entsprechend der Marketingstrategien Ihres Unternehmens so, dass das Publikum nicht gestört wird.

5. Versuchen Sie, das Engagement des Publikums für Beiträge zu gewinnen: Wählen Sie die Sprache, die Ihre Zielgruppe spricht, und konzentrieren Sie sich auf einige geografische Merkmale des Ortes und der Sprache, wenn Sie eine bestimmte Veröffentlichung auf ein bestimmtes Land oder einen bestimmten Ort ausrichten möchten.

6. Wählen Sie die verwendeten Wörter aus, da dies einer der Faktoren ist, die Ihnen helfen, Ihre Interaktion zu gewinnen.

7. Stellen Sie Fragen, bitten Sie die Zuschauer, Fragen zu stellen, sie zu kommentieren oder zu liken. Sie können einige intelligente Anreize nutzen, z. B. Angebote oder Wettbewerbe und Preise für diejenigen vorbereiten, die mit den Posts interagieren.

8. Wählen Sie das Produkt oder die Produkte aus, die auf Instagram verkauft werden sollen. Da Ihr Hauptziel darin besteht, auf Instagram zu verkaufen, müssen Sie entscheiden, welche Produkte oder Dienstleistungen Sie auf Instagram verkaufen und bewerben möchten.

Es ist nicht erforderlich, dass das Produkt Ihnen gehört, oder Sie es hergestellt haben. Stattdessen können Sie über das Internet auch Produkte und Dienstleistungen verkaufen, die anderen Personen gehören, als Gegenleistung für Ihre Provision. Dies wird als Provision oder „Affiliate-Marketing" bezeichnet.

Nachdem Sie diese Schritte gelesen haben, und alles ausgeführt haben, können Sie mit dem Verkauf auf Instagram beginnen. Jetzt kennen Sie die Methode und dank des Methoden-Collage-Makers können Sie auf mehr als 300 Vorlagen zählen. Damit können Sie Ihre Fotos kombinieren und die Vorlagen entsprechend Ihrer Marketingstrategie anpassen. Die Anwendung enthält mehr als 90 Hintergründe und mehr als 60 Filter.

Wenn Sie nach der Möglichkeit suchen, eigene Hintergründe zu erstellen, können Sie sich auf das Muster der Anwendung PhotoGrid sowie auf die schönen Effekte verlassen.

1. Bilder

Die Selfies und Videos über die Wow-Funktion bieten Filter! Es ist wichtig, sehr große Bilddateien zu vermeiden, um keine Probleme beim Herunterladen der veröffentlichten Fotos zu haben oder Qualitätsverlust zu erleiden, wenn diese nicht innerhalb der festgelegten zulässigen Grenzen liegen.

2. Videos

Eine der Optionen, die häufig verwendet werden, um Inhalte zu veröffentlichen und auf Instagram zu verkaufen, sind Videos. Wie bereits erwähnt, zeichnen sich Videos durch ihre Fähigkeit aus, die Zielgruppe und ihre Emotionen beim Kauf zu beeinflussen, und verursachen außerdem eine signifikante Interaktion zwischen den Zuschauern. Videos sind eine großartige Möglichkeit, um Benutzern das vorzustellen, was Sie verkaufen möchten. Sie können klarer und enger mit Ihrem Publikum sprechen und erklären.

Sie können kurze Videos mit einer Länge von bis zu 60 Sekunden aufnehmen, aber dieser Zeitraum ist mehr als ausreichend, um die Aufmerksamkeit des Publikums auf sich zu ziehen. In diesem Zusammenhang ist es empfehlenswert, sich auf die ersten 15 bis 20 Sekunden des Videos zu konzentrieren. Genau in diesem Zeitraum sieht der Betrachter oder potenzielle Kunde im Vordergrund seines Fokus auf den Inhalt, den Sie für ihn veröffentlichen.

- Konzentrieren Sie sich auf das Thema des Skripts, das Sie für das Video schreiben.

- Versuchen Sie, über die Vorteile und den Nutzen des Produkts zu sprechen, und bauen Sie neugierig machende und interessante Informationen und Fakten ein.

Es empfiehlt sich, im Video immer mit dem Schmerz des Kunden, also mit seinem Bedürfnis, zu beginnen. Versuchen Sie, im Video die Frage zu beantworten:

„Wie sehr brauche ich dieses Produkt, das auf Instagram verkauft wird?"

Wenn Sie über diesen Punkt gut nachdenken, wird es Ihnen gelingen, den Kunden zu 50% - 60% zum Kauf zu überreden oder ihn zumindest dazu zu bringen, ernsthaft über die Möglichkeit des Kaufens oder Ausprobierens nachzudenken.

Sie können Videos über das Nachrichten- und Entwicklungsnetzwerk auf Instagram posten oder sich auf die LIVE-Funktion oder die Live-Übertragung verlassen. Dies ist heute eine moderne und weit verbreitete Methode. Wenn Sie jedoch auf Instagram verkaufen und das Video verwenden möchten, gibt es eine andere Möglichkeit: Das Vorbereiten von kurzen Videos mit einer Dauer von 15 Sekunden (Storytelling) ist eine gute Option für die Veröffentlichung. Der Inhalt, den Sie in der Story aufzeichnen, dauert etwa 24 Stunden und wird oben in der Anwendung angezeigt.

Zusätzlich gibt es die Boomerang-Erstellungsfunktion, mit der kurze Schnappschüsse bestimmter erfasster Momente erneut angezeigt werden können. Dies macht die aufgenommenen Videos unterhaltsamer, lustiger, einzigartiger und professioneller.

3. Texte

Wie Sie wissen, liefert das Platzieren eines schönen Bildes oder eines professionellen Videos ohne Text – wenn auch nur eine Zeile - Ergebnisse, die den Zweck nicht erfüllen, und es kann Zuschauer und Follower nicht interessieren, auf das Video zu klicken und es anzusehen.

Um eine ansprechende persönliche Seite zu haben, ist es wichtig zu wissen, dass Ihre Produkte klar und zielgerichtet präsentiert werden. Veröffentlichen Sie niemals, ohne einen Beschreibungstext zu dem Foto oder Video zu schreiben. Die Beschreibung sollte kurz sein. Dies ist die Zeit, um Ihre kreative Seite auszudrücken.

Es empfiehlt sich, kreative beschreibende Texte zu schreiben und immer die Hashtags zu verwenden. Diese sind dafür verantwortlich, das Bild oder das Video auf bestimmte Personen oder eine bestimmte Gruppe von Zielpersonen zu verweisen, die an der speziellen Art von Inhalten interessiert sind, die Sie veröffentlichen. Dies bedeutet, dass das Video oder Bild die für Ihr Unternehmen geeignete Zielgruppe erreichen kann. Aber denken Sie daran, dass die Verwendung dieser wunderbaren und effektiven Funktion (Hashtag) klug und moderat sein muss, um nicht zu übertreiben und Chaos in Ihrem Beitrag oder auf Instagram zu verursachen.

Hier ist ein wichtiger Ratschlag: Je mehr Wissen Sie einbringen und Ihrer Zielgruppe zugutekommen, desto enthusiastischer und sicherer ist Ihr Verkauf. Veröffentlichen Sie dazu Artikel, Artikel und Themen, die sich auf das Unternehmen oder den Bereich beziehen, den Sie auf Instagram vermarkten.

Wie verkaufen Sie auf Instagram?

Sie können die folgenden Schritte ausführen, um mit dem Verkauf zu beginnen. Diese Schritte helfen Ihnen dabei, Ihr Profil zu präsentieren und es der Öffentlichkeit intelligent bekannt zu machen. Dies macht den entscheidenden Unterschied bei der Werbung aus.

(A) Es ist wichtig, dass Ihr Instagram-Profil klar über Sie und Ihre Arbeit spricht. Wenn Sie eine Website im Internet haben, die Ihr Unternehmen erklärt und über Ihre Adresse Möglichkeiten zur Kommunikation mit

Ihnen angibt, müssen Sie die URL Ihrer Website an der angegebenen Stelle Ihres Instagram-Kontos ablegen, wie Sie unten sehen werden.

(B) Erklären Sie die Art Ihrer Arbeit in der Beschreibung oder im Feld. Stellen Sie sich einem Besucher vor, wenn er auf Ihr Instagram-Konto klickt und die Hauptseite betritt. Sein Blick richtet sich natürlich auf den Absatz Bio, der sich rechts neben dem Hauptbild des Profils befindet, da er mehr über die Art Ihrer Arbeit erfahren möchte.

(C) Das Profilbild wird normalerweise auf Ihrer Homepage angezeigt, und zwar in der Funktion, dass es eine Erklärung oder ein Gespräch findet, das über Sie und speziell über Ihr Unternehmen spricht. Stellen Sie sich vor, es wird hochgeladen, aber nicht schriftlich verdeutlicht. Passen Sie das Profilbild in Ihrem Instagram-Konto an.

(D) Erklären Sie deshalb speziell die Produkte, die Sie verkaufen, und sprechen Sie mehr über Ihr Unternehmen.

(E) Beachten Sie die folgende Regel, die aus dem Internet ausgewählt wurde: Weisen Sie dem Instagram-Konto einen richtigen Namen zu. Das Thema des

Kontonamens ist sehr nützlich, da es dafür verantwortlich ist, dass Follower und potenzielle Zielgruppen Ihr Konto finden.

(F) Versuchen Sie, einen exklusiven Namen zu wählen, der nicht kompliziert ist, da ein komplexer Name es Benutzern und Besuchern möglicherweise schwer macht, Sie zu finden.

(G) Stellen Sie sich einen Namen vor, der Benutzern hilft, sich bereits schnell daran zu erinnern, und verwenden Sie Elemente, die für Sie einfach zu schreiben sind. Als Beispiel wurde für Sie der Bericht des berühmten Küchenchefs Burak in der Welt der wunderbaren türkischen Küche ausgewählt: Beachten Sie, dass er seinen Kontonamen wie folgt gemacht hat: cznburak, was bedeutet, dass er seinen vollständigen Namen verwendet und die drei Buchstaben vor ihn gestellt hat: czn, sodass er keinen schwer oder gar unmöglich zu merkenden Namen verwendet hat.

(H) Definieren Sie die Qualität Ihres Publikums auf der Instagram-Plattform.

Jedes Unternehmen auf der Welt hat bestimmte Kunden, und ohne auf etwas komplizierte Details einzugehen und einige Marketingbegriffe anzuzeigen, an denen Sie möglicherweise nicht interessiert sind, sollten Sie in Ihrem Kopf nur ein Bild Ihres Lieblingskunden malen. Dieses Bild hilft Ihnen dabei, das Geschlecht, das Alter und die Tendenzen dieses Kunden zu bestimmen, von dem Sie träumen.

Wenn Sie beispielsweise ein Bekleidungsgeschäft besitzen, sind Frauen über 30 Jahre möglicherweise Ihre Lieblingskunden, da sie die Klasse der Mütter darstellen, die Kaufkraft haben und zu Hause Entscheidungen treffen. Wenn Sie Ihre Zielgruppe definieren, die Sie auf Instagram ansprechen möchten, werden Ihre Marketingkampagnen sehr effektiv und wirkungsvoll, sodass Sie genau wissen, mit welchen Problemen Ihre Zielgruppe konfrontiert ist. Lassen Sie mich dies anhand eines Beispiels erklären:

Ich erinnere mich an Parfümwerbung, insbesondere an internationale Marken wie Dior, Calvin Klein und andere berühmte Marken. In diesen Anzeigen finden Sie immer berühmte Schauspieler, Filmszenen und atemberaubende Landschaften, alles, weil jeder, der ein Parfüm kaufet, diesen Effekt haben möchte.

In keiner dieser Anzeigen finden Sie Informationen über die Art des Parfüms oder die darin verwendeten Materialien, da dies das Problem der Zielgruppe nicht löst, ihre Ziele nicht erreicht und die Menschen aufgrund ihrer Bestandteile keine Parfüms kaufen, sondern kaufen, um andere zu beeindrucken. Wenn Sie dies bemerken, werden Sie feststellen, dass sich die Art dieser Anzeigen im Laufe der Jahre nicht geändert hat. Dies liegt daran, dass diese Parfümhersteller ihre Zielgruppe gut verstehen und genau wissen, was sie wollen. Deshalb müssen Sie alles über Ihr Publikum wissen, was es will, mit welchen Problemen es im täglichen Leben konfrontiert ist, welche Ziele es erreichen möchte, damit Ihre Produkte es dabei unterstützen können, oder es zumindest in den von Ihnen bereitgestellten Inhalten nutzt.

Studieren Sie Ihre Konkurrenten auf Instagram: Sie sind nicht der Einzige, der Instagram im Marketing nutzt, und müssen daher Ihre Konkurrenz studieren, insbesondere am Anfang. Vielleicht sind Sie verwirrt darüber, wie Sie für Ihr Unternehmen geeignete Inhalte vorbereiten können, oder Sie möchten wissen, wie Menschen mit Ihren Mitbewerbern interagieren. Das Studium der Wettbewerber hilft Ihnen auch dabei, den Markt, die Art der Kunden, die diese Produkte bevorzugen, die Dienstleistungen, die Sie auf Ihrem Konto bewerben möchten, und viele andere wichtige Dinge zu kennen. Sie können die Konten Ihrer Konkurrenten entweder direkt (über Websites oder deren

Namen) herausfinden oder nach Stichwörtern (wie Reisen oder Ernährung) oder beliebten Hashtags in Ihrem Bereich suchen.

Aktuelle Tipps, um ein Publikum auf Instagram zu gewinnen

Angesichts des großen Wettbewerbs um Marketing und Werbung auf Instagram steigt die Herausforderung für den Unternehmer, insbesondere angesichts der Änderungen, die seit letztem Jahr an den Instagram-Algorithmen vorgenommen wurden. Derzeit werden die veröffentlichten Beiträge auf Instagram nur zu an 10% die Öffentlichkeit gesendet. Die übrigen Follower erreichen diese Veröffentlichungen nur, wenn eine gegenseitige Interaktion zwischen Ihnen und den Followern besteht. Aus diesem Grund sollten Sie überlegen, ob Sie Inhalte bereitstellen möchten.

1. Erwägen Sie die Strategie von „Follow-up im Gegenzug" oder „Follow Back": „Folgen Sie mir, damit ich Ihnen folge". Diese Methode wird als SPAM angesehen und ist einer der Gründe, die dazu führen, dass der Platz und der Umfang der Veröffentlichung reduziert werden. Vermeiden Sie dies.

2. Beantworten Sie die Kommentare in Ihren Instagram-Posts und versuchen Sie, so schnell wie möglich zu antworten. Andernfalls wird die Sichtbarkeit Ihrer Beiträge dadurch allmählich verringert.

3. Verwenden Sie Emojis in Kommentaren und Posts, da dies die Interaktion erhöht.

4. Posten Sie Geschichten, weil Personen, die Ihre Geschichten regelmäßig sehen, Ihre Beiträge häufiger erhalten. Bereiten Sie dann weitere Geschichten vor, um die Interaktion der Zuschauer in Ihrem Instagram-Konto zu verbessern.

5. Verwenden Sie das Hashtag, jedoch innerhalb angemessener Grenzen, und vermeiden Sie Übertreibungen. Das Netzwerk empfiehlt, dass Sie nur 5 Hashtags in einem einzelnen Beitrag verwenden. Wählen Sie daher sorgfältig die Situationen aus, in denen Sie Hashtags verwenden, und vermeiden Sie es, Hashtags für sehr berühmte Personen zu erstellen, damit Ihr Beitrag mit der als Schattenverbot bezeichneten Technik nicht verschwindet.

6. Versuchen Sie immer, Hashtags in den Text zu setzen, der dem Bild beiliegt, da diese Strategie dazu beiträgt, dass Ihre Publikation besser angezeigt wird.

7. Ändern Sie die den Veröffentlichungen beigefügten Texte erst, wenn mindestens 24 Stunden nach der Veröffentlichung des Fotos oder Videos vergangen sind. Wenn Sie dies tun, hat der Beitrag die Möglichkeit, vom Publikum gesehen sehen zu werden.

8. Verzerren Sie ein Bild oder Video nicht und veröffentlichen Sie es dann erneut, da das Löschen eines Bildes oder Videos und das erneute Veröffentlichen dazu führen kann, dass die Wahrscheinlichkeit, mit der dieser Beitrag veröffentlicht wird, den Followern viel geringer und mit einem großen Unterschied erscheint.

WAS IST DIE IDEALE FREQUENZ FÜR INSTAGRAM-POSTS?

Instagram ist ein soziales und interaktives Netzwerk, in dem sich der Benutzer nicht viel Zeit nehmen muss, um die in den Veröffentlichungen enthaltenen Texte zu lesen. Deshalb können Sie immer dann posten, wenn Sie gute und nützliche Inhalte haben. Abhängig von der Menge des Materials, das Sie vorbereiten und das zur Veröffentlichung bereit ist, steht keine ideale Menge an Material zur Veröffentlichung zur Verfügung. Sie können sich jedoch einige gute Techniken zu eigen machen, um mehr Menschen für Ihr Profil zu gewinnen:

- Posten Sie jeden Tag Fotos und Videos.

- Vermeiden Sie es, mehr als zwei Themen am selben Tag zu veröffentlichen, um ein Überfüllen Ihres Profils zu vermeiden, da dies Ihre Follower entfremden kann.

Wenn Sie alles auf einmal veröffentlichen, haben Sie nichts mehr, das Sie später veröffentlich können, oder? Wenn beispielsweise ein Feiertag auf einen Freitag oder Samstag fällt, bedeutet dies nicht, dass der Inhalt nicht während des Feiertags veröffentlicht werden darf.

Da Sie auf Instagram verkaufen möchten, wissen Sie nicht, an welchem Tag oder zu welcher Stunde ein potenzieller Kunde kommt, oder?

Die beste Lösung besteht darin, über die Gewohnheiten und das Verhalten Ihrer Zielbenutzer im Web nachzudenken, um den besten Zeitpunkt für die Veröffentlichung auszuwählen. Und es empfiehlt sich, zu versuchen, mit mehr Nutzern auf Instagram über Beiträge zu interagieren, wie bereits erwähnt wurde. Wenn Sie kürzlich mit der Nutzung dieses sozialen Netzwerks begonnen haben, haben Sie wahrscheinlich nicht viele Follower.

Es funktioniert nicht, wenn Sie eine sehr coole und einzigartige Profilseite auf Instagram haben, und es enthält die coolsten Bilder, Videos und Inhalte, wenn Sie keine Follower haben, die mit Ihnen interagieren. Durch das Verbinden Ihres Facebook-Kontos mit Instagram wird die Anzahl der Follower erhöht. Sie können auch Personen folgen, die Ihre Facebook-Freunde sind. Reagieren Sie so schnell wie möglich direkt auf Kommentare zu Posts und auf Posts.

Es ist nicht hilfreich, sich auf automatisierte Antworten zu verlassen, die Sie undifferenziert bei allen Followern verwenden. Versuchen Sie stattdessen, jede Person oder jeden Follower auf personalisierte Weise zu beantworten, da dies darauf hinweist, dass Sie sich darum kümmern, wer Ihnen folgt. Verwenden Sie andere soziale Medien, um Ihren Followern in anderen Konten mitzuteilen, dass Ihre Marke über ein Instagram-Konto verfügt.

Achten Sie jedoch darauf, dass Sie nicht versuchen, Personen nach dem Zufallsprinzip hinzuzufügen, nur weil Sie Ihre Follower erhöhen möchten, da dies als nicht hilfreiche Vorgehensweise angesehen wird. Außerdem ist es üblich, dass viele Personen auf die persönlichen Seiten von Prominenten zugreifen und einen Kommentar veröffentlichen, bei dem die Prominenten aufgefordert werden, ihnen zu folgen. Dies wird nicht als wirksame Strategie angesehen und könnte einen schlechten Ruf für Ihre Marke verursachen.

Influencer Marketing

E s ist eine Form des Instagram-Marketings und kann sogar auf allen anderen Plattformen verwendet werden. Es hängt davon ab, ob Sie einen Vertrag mit einer einflussreichen Person abschließen, die eine große Anzahl von Followern besitzt, und diesen dann auffordern, eine Veröffentlichung zu Ihrem Produkt oder Geschäft auf seinem Konto zu veröffentlichen, um einen großen Prozentsatz der Zielgruppe zu erreichen.

Im Gegenzug erhält der Influencer einen im Voraus vereinbarten Geldbetrag. Über diese Art des

Marketings ist die große Effektivität, wenn es richtig verwendet wird, bekannt, aber gleichzeitig sind die Preise im Vergleich zu den finanzierten Anzeigen etwas hoch, und die Preise steigen, wenn die Anzahl der Follower des Influencers steigt, was sehr beliebt und auf der Plattform und dem aktivierten Feld sehr angesehen ist. Darin finden Sie beispielsweise Influencer im Bereich Mode, Einflüsse im technischen Bereich und Einflüsse im Bildungsbereich und anderen Bereichen.

Dies sind die bekanntesten Marketingmethoden über Instagram, mit denen die Eigentümer von Projekten und verschiedenen kommerziellen Aktivitäten normalerweise das Publikum von Kunden erreichen. Es wird erwähnt, dass Instagram viele Vorteile hat, die sich von den anderen Social-Media-Plattformen unterscheiden, was es zur besten Plattform für das Marketing für viele Projekte macht. Dies bedeutet jedoch nicht, dass Instagram für jeden Bereich oder jede Art von kommerziellen Aktivitäten geeignet ist.

Vielmehr ist es in erster Linie vor jeder Marketingkampagne erforderlich, die darauf abzielt, sie aus der Forschung heraus zu starten, sicherzustellen, dass Sie den Standort des Publikums, das Sie erreichen möchten, ansprechen können, und auf welchen Plattformen sich Ihre Kunden konzentrieren - ob sie sich auf

Instagram befinden oder nicht, auf Twitter oder einer anderen Plattform. Führen Sie die Kampagne daher auf der Plattform aus, auf der sich der größte Teil des gewünschten Publikums befindet.

VERMARKTUNG IHRES KONTOS IN GROßEN KONTEN

Viele Geschäftsinhaber im Marketing über Instagram vereinbaren mit den Eigentümern großer Konten, Bilder oder Videos an die breite Öffentlichkeit zu senden, was die Anzahl der Besucher auf ihren Konten erhöht und durch die Zahlung bestimmter Geldbeträge erreicht wird.

Einige sind jedoch der Ansicht, dass diese Marketingmethode über Instagram aus zwei Gründen nicht durchführbar ist: Der erste Grund besteht darin, die Zielgruppe, die an Ihren Diensten oder Produkten interessiert ist, nicht zuzuweisen oder anzusprechen, da die meisten großen Konten eine öffentliche und keine private Zielgruppe haben, und der zweite Grund sind die hohen Kosten dieser Anzeigen, die einige nicht bezahlen können. Vermarkter zahlen es, insbesondere ohne das Ergebnis zu garantieren, das man erreichen möchte.

WETTBEWERBE

Sehr geehrter Leser, glauben Sie mir, es gibt keinen Nutzen ohne Einsatz, und es gibt keinen Erfolg ohne Opfer und ohne Dienstleistungen für andere. Sie müssen großzügig bei der Vermarktung Ihres Unternehmens sein, um Ihre Produkte gezielt zu präsentieren. Sie sollten nicht an Zeit, Geld und Mühe sparen, denn Ihr Unternehmen ist Ihr Kapital und Ihre Arbeit wird Ihre Zukunft bestimmen. Und lassen Sie sich sagen, dass das ständige Einreichen von Wettbewerben bei Ihren Seitenbesuchern eine der Möglichkeiten ist, sie anzulocken, und eine der effektivsten Möglichkeiten, über Instagram zu vermarkten. Sie möchten schließlich die Anzahl Ihrer Follower erhöhen und eine Zielgruppe ansprechen, die an dem angezeigten Inhalt interessiert ist.

Wenn Ihr Account auf den Verkauf von Kosmetikartikeln spezialisiert ist, müssen Sie Besucher ansprechen, die an diesem Produkt interessiert sind. Der Wettbewerbsinhalt muss dem Preisinhalt mit dem Kontoinhalt im Allgemeinen entsprechen. Warum? Denn eine der Grundlagen des Instagram-Marketings besteht darin, eine bestimmte Gruppe von Personen anzusprechen und zuzuweisen, die an der Art der bereitgestellten Inhalte interessiert sind, nicht aber eine allgemeine Zielgruppe. Hier liegt das Erfolgsgeheimnis Ihrer Marketingkampagnen. Möglicherweise möchten Sie Ihr Geschäft erweitern oder beispielsweise ein neues Produkt vorstellen.

Sie müssen lediglich eines Ihrer alten Produkte vermarkten, damit Ihre Follower sie besser kennenlernen und wissen, wie sie vermarktet werden. Erstellen Sie einen Wettbewerb, bei dem Follower andere Konten in Ihrem Image erwähnen und das Konto, das auf die größte Anzahl von Followern abzielt, den Wettbewerb gewinnt. Eines Ihrer unverwechselbaren Produkte vermarkten Sie, um die Anzahl Ihrer Follower auf Instagram zu erhöhen und so zu einer bekannten Marke und dem Ort des Vertrauens anderer zu werden, um Ihre nächsten Produkte effizient und effektiv zu vermarkten.

DIE GEFAHREN DES INSTAGRAM-MARKETINGS

Es gibt einige begrenzte Gefahren des Instagram-Marketings, die vermieden werden können, wenn Sie die Schutz- und Datenschutzregeln und die wichtigsten Verhaltensregeln einhalten.

1. Ihr Konto könnte gestohlen und gehackt werden.

2. Ein Konkurrent könnte Sie angreifen und Ihr Image vor Kunden verzerren.

3. Jemand könnte versuchen, die Ideen Ihres Projekts nachzuahmen.

IDEEN, AUS DENEN SIE AUSWÄHLEN UND DIE SIE AUF INSTAGRAM VERKAUFEN KÖNNEN

Wenn Sie zu diesem Artikel gekommen sind und aufgeregt waren, auf Instagram zu verkaufen, aber noch nicht wissen, was Sie verkaufen können, machen Sie sich keine Sorgen, denn ich geben Ihnen einige Ideen, die das Licht oder den Anfang einer intelligenten Idee sein können, die Ihre Karriere beginnt.

Kleidung: Das Bekleidungsfeld ist eines der vielen Felder, auf die Sie sich verlassen können, um auf Instagram zu verkaufen. Diese Vielfalt und dieser Reichtum an sich unterstreichen jedoch, wie wichtig es ist, Marktsegmente an sich zu untersuchen und möglicherweise in sekundäre Segmente einzutauchen, damit

Sie die Möglichkeit haben, zwischen Ihren Mitbewerbern auf diesem Gebiet zu unterscheiden.

Überlegen Sie sich zunächst, welche Art von Kleidung Sie verkaufen möchten: für Frauen oder Männer? Bestimmen Sie als nächstes genau: Welche Arten von Kleidung? Urlaubskleidung, Wintermode, Abendkleider oder Sportbekleidung? Wie groß ist das? XXL oder XXXL? Dies waren nur einige Optionen, nach denen Sie suchen und die Sie ausprobieren können.

Essen: Der Lebensmittelsektor ist einer der Bereiche, der unbestritten große Resonanz findet. Essen ist ein täglicher Bedarf. So können auch Mütter und Frauen, die ein eigenes Geschäftsprojekt haben möchten, ihre Kochkünste nutzen, um Lebensmittel und Süßigkeiten von zu Hause aus zuzubereiten und zu verkaufen. In dieser Hinsicht können Sie sich darauf verlassen, dass Instagram für Gerichte wirbt und die Bereitschaft zum Empfang von Anfragen ankündigt.

Online-Kurse: Heutzutage nimmt die Idee des Fernunterrichts aufgrund der Komplexität der Lebensdetails und der Schwierigkeit, Zeit zur Verfügung zu stellen, zu, zusätzlich zu anderen Problemen, die durch das fortgeschrittene Leben der Überlastung und Inkonsistenzen bei den Daten entstehen.

Aus diesem Grund gibt es eine große Anzahl von Menschen, die es vorziehen, einige Bildungskurse online von zu Hause aus zu besuchen, anstatt persönlich zu einem Institut oder einer Hochschule zu gehen. Wenn Sie Lehrer sind und Privatunterricht geben oder bestimmte Kurse haben, können Sie dies aus diesem Grund nutzen und über Instagram Ihre Bereitschaft mitteilen, bestimmte Kurse oder Verstärkungsstunden anzubieten, je nachdem, auf welchem Gebiet Sie sich spezialisiert haben oder praktische Erfahrung darin haben. Wir sprechen über praktische Erfahrungen, weil es manchmal einer Person helfen kann, ihre Erfahrungen in einem bestimmten Bereich gegen Geld zu vermitteln, dann wird sie auf Instagram sicherlich eine sehr gute Art der Werbung und des Marketings finden.

Zum Beispiel: Wenn Sie ins Ausland reisen, um zu studieren oder zu arbeiten, zum Beispiel nach Deutschland, haben Sie definitiv Deutsch gelernt, oder? Dies ist eine großartige Gelegenheit, Ihre Bereitschaft zu bekunden, Ausländern oder Studenten Deutschunterricht zu geben. Sie haben jedoch die Möglichkeit, Ihr Geschäft in diesem Bereich auszubauen, indem Sie Bildungskurse in Form von Videos oder schriftlichen Kursen registrieren, in denen die Regeln erläutert werden,

Ihre Stimme aufzeichnen und über Bildungsplattformen verkaufen oder Kurse und Unterricht verkaufen.

Dienstleistungen: Sie können ein Netzwerk von Verbindungen unterhalten, um Dienste bereitzustellen. Wenn Sie beispielsweise ein Berater im Bereich Lebensmittel oder psychische Gesundheit sind, können Sie Instagram verwenden, um in Ihren Veröffentlichungen und im Marketing selbst über dieses Thema zu sprechen. Dies ist eine großartige Gelegenheit für Sie, potenzielle interessierte Kunden zu gewinnen oder Ihre Dienste zu benötigen. Wenn Sie in einem Beratungsbereich arbeiten, sei es in den Bereichen Bildung, Bildung, Ethik, Soziales, Gesundheit, Psychologie, Vegan, Bio etc., ist Instagram ein hervorragendes Instrument für die Vermarktung der von Ihnen angebotenen Dienstleistungen.

Zubehör: Wenn wir über den Verkauf auf Instagram sprechen, wissen wir, dass Mode und die Welt der Mode einen großen Anteil haben. Sie können beispielsweise Zubehör in einer Vielzahl von Varianten verkaufen. In diesem Bereich bieten Accessoires den Vorteil, dass es sich meistens um unnötige Teile handelt, da sie im Gegensatz zu beispielsweise Kleidung für alle Menschen in Bezug auf die Größe geeignet sind.

Elektronik: Es ist auch ein weites Feld und bietet eine großartige Gelegenheit für seinen Besitzer. Wenn Sie im Bereich des Verkaufs von Mobilfunkgeräten, des Verkaufs von Computerteilen oder dergleichen arbeiten oder arbeiten möchten, können Sie dies an Instagram vermarkten und Kundenanfragen darüber erhalten.

Dekorationsprodukte: Beispiele für Optionen, an die Sie denken können, wenn es um Dekore geht: Gemälde, Zeichnungen, gestickte Stücke und eine reichhaltige und abwechslungsreiche Reihe künstlerischer Produkte, die auf Instagram sehr erfolgreich sind. Insbesondere wenn Sie Künstler sind, können Sie gleichzeitig arbeiten und Ihre Talente hervorheben.

Wie Sie gesehen haben, gibt es viele Bereiche, aber wir empfehlen Ihnen immer, den Bereich zu wählen, in dem Sie gute Erfahrungen gemacht haben, und Sie haben Fans oder Liebhaber, die Ihnen folgen, worüber Sie sprechen oder über diesen Bereich teilen.

Dies ist von großer Bedeutung, um Ihnen zu helfen, eine Marktreferenz zu werden und mehr Glaubwürdigkeit für Ihre Werbearbeit zu erlangen.

SO VERWANDELN SIE IHRE FOLLOWER IN KUNDEN

Wir haben bereits über das CTA gesprochen und ich habe Ihnen ein Beispiel gegeben, aber ich möchte es Ihnen mehr erklären als Ihre eigene Perspektive als Online-Vermarkter, wenn Sie Inhalte oder Beiträge veröffentlichen, mit denen Sie ein bestimmtes Ziel erreichen möchten.

Letztendlich sollten diese Ziele zu einer Steigerung Ihres Gewinns führen. Sie möchten beispielsweise mehr Follower gewinnen, um die Anzahl Ihrer potenziellen Kunden und damit Ihren Gewinn zu erhöhen und so weiter. Um die größtmögliche Anzahl Ihrer Follower in Kunden umzuwandeln, müssen Sie auf das achten, was wir als Conversion-Optimierung bezeichnen, da jeder Kontakt zwischen Ihnen und dem potenziellen Kunden sehr einfach sein muss.

Wir haben bereits über Inhalte gesprochen und auch über die Einrichtung eines einzigartigen Profils, das Menschen anzieht. All diese Dinge erleichtern den Prozess der Steigerung der Conversions, aber das reicht nicht aus.

Um die Überweisungen zu erhöhen, müssen Sie Ihren Kunden einen Anreiz bieten. Sie können ihnen exklusive Angebote und Rabatte nur auf Instagram anbieten. Sie können auch schnelle Wettbewerbe für sie durchführen und der Gewinner erhält dann ein Geschenk.

Sie können einigen Ihrer Follower auch einige kostenlose Produkte geben, damit diese Ihre Produkte ausprobieren und ihre Meinungen mit ihren Freunden teilen können (und übrigens können Sie diesen Inhalt auch in Ihrem Konto nutzen) und so das Vertrauen der Menschen in Sie stärken.

Es gibt verschiedene Marketingmethoden, aber was ich Ihnen bereits erwähnt habe, ist die am weitesten verbreitete auf der Instagram-Plattform. Wie ich Ihnen bereits sagte, steigt das Vertrauen in Sie und das Vertrauen zwischen jedem Kunden und dem Eigentümer eines Unternehmens, solange Sie Ihrem Publikum helfen und es mit dem versorgen, was es möchte.

Anzeigen auf der Instagram-Plattform

Die Instagram-Plattform ist mit Facebook verbunden, und natürlich kennen Sie die Bedeutung und Stärke von Facebook-Anzeigen, insbesondere zu diesem Zeitpunkt, da Facebook über viele Daten und Informationen verfügt, die sehr hochentwickelt und ausgefeilt sind und die es beim Targeting ausnutzt. Eine neue Funktion in ASKfm ist "Shout Out". Mit dieser Funktion können Sie ASKfm-

Benutzern in Ihrer Nähe nach dem Zufallsprinzip Fragen stellen.

Bevor Sie die Frage stellen, wählen Sie Shout Out. Sie finden diesen Artikel neben den Fragen, um eine Frage zu stellen oder um eine Umfrage durchzuführen, und Sie können diese Funktion in der Anwendung oder auf der Website verwenden.

Geben Sie Ihre Frage ein und sie wird an die Personen in Ihrer Nähe gesendet - einschließlich derjenigen, denen Sie nicht folgen. Sie erhalten eine Benachrichtigung, wenn Benutzer Ihre Frage beantworten.

Mit Shout Out können Sie auch viele neue Fragen von Benutzern in Ihrer Nähe erhalten. Wenn Sie keine Shootout-Fragen erhalten möchten, lesen Sie, wie Sie diese Funktion deaktivieren können.

Wenden Sie sich an unser Support-Team, wenn Sie Fragen oder Schwierigkeiten bei der Verwendung der neuen Funktion haben.

E-Marketing

E-Marketing ist einer der allgemeinen Marketingzweige und wird auch als digitales Marketing oder als Network-Marketing bezeichnet. Hierbei handelt es sich um eine Strategie, mit der die Methoden der modernen Kommunikationstechnologie organisiert werden, indem der virtuelle Markt in eine greifbare Realität umgewandelt wird. E-Marketing ist ein wichtiger Bestandteil der modernen umfassenden Marketingstrategie, da es als eine wichtige Art von Marketingmethoden angesehen wird, mit der Ihre Ziele über das Internet erreicht werden sollen, und es wird auch als ein Prozess zur Anwendung allgemeiner Prinzipien der Marketingwissenschaft unter

Verwendung elektronischer Medien und insbesondere in Bezug auf die Nutzung des Internets beschrieben.

Ein großer Vorteil von E-Marketing ist die Fähigkeit, eine Beziehung zu Kunden erheblich aufzubauen, da eine kontinuierliche Interaktion verfügbar ist, obwohl einige Kunden sich dem widersetzen und dies als aufdringlich und negativ für die Privatsphäre betrachten. Die Verwendung freiwilliger Berichterstattungstechniken erhöht jedoch die Akzeptanz bei Menschen, insbesondere bei denen, die häufig gewerbliche Websites nutzen. Verwenden Sie E-Marketing, um Kunden für einen großen Nutzen zu gewinnen, um auf einer Website zu verkaufen und Kundenbindung zu gewinnen.

Die Leichtigkeit, Informationen in Bezug auf das Produkt zu erhalten und die Möglichkeit, die erforderliche Ware in kurzer Zeit zu erhalten und die Grenzwerte unabhängig vom Standort der Ware zu überschreiten, führen zum schnellen Eintritt der Ware in die Welt und zu ihrer Beliebtheit. Die Tür für E-Marketing für alle zu öffnen und nicht auf große bekannte Unternehmen zu beschränken, vereinfacht die Teilnahme des normalen Einzelnen oder des kleinen Unternehmens am Marketing auf einfache Weise. Weitere Vorteile sind die niedrigen Kosten und die

einfache Implementierung im Vergleich zu herkömm-
lichem Marketing sowie die Möglichkeit, die Ware direkt zu bestellen, indem eine Bestellung über die Website des Unternehmens gesendet wird. Wie beim traditionellen Marketing kann die Ware nicht direkt über
Kunden bestellt werden. Die einfache Anzeige aller
Waren und Dienstleistungen des Unternehmens läuft
über die Website, und dies ist im traditionellen Marketing schwierig, da ein breiter Marktplatz für die Anzeige erforderlich ist.

WEGE ZUM ERFOLG IM E-MARKETING

Die Qualität des Produkts, das vermarktet werden
kann, und den Service, müssen Sie auswählen, da E-
Marketing viele Methoden enthält. Das für E-Marke-
ting-Vorgänge über das Internet festgelegte Budget,
mit dem die Marketingkampagnen der Ware durchgeführt werden, setzt eine Grenze. Die Erfahrung des
Vermarkters im Umgang mit den Mechanismen des
elektronischen Marketings und die kontinuierliche
Weiterentwicklung der Nutzung der Wissenschaft des
elektronischen Marketings im digitalen Marketingum-
feld verhelfen zu einem Verkaufserfolg.

Es gibt zahlreiche Arten von Marketing:

- Kostenlose Werbeseiten im Internet
- Spezialisierte und öffentliche Foren
- Seiten der Website
- Verzeichnisse und Indizes von Internetseiten
- Soziale Websites
- E-Mail-Kampagnen
- Bloggen
- Zeitungen und Zeitschriften

KUNDENDIENST

Das Thema Kundendienst wird als notwendig erachtet, um die Kunden zu unterhalten, an die Sie die Produkte über das Internet vermarkten, da das Versäumnis, diesen Kunden einen guten Service zu bieten, dazu führt, dass sie zu anderen Zielen gehen, um dort einzukaufen, und eine andere Alternative finden, die innerhalb von Sekunden über das Internet gefunden werden kann.

Zu diesem Zweck ist es unerlässlich, zu überprüfen, ob Kunden dauerhaft mit der Marketingagentur kommunizieren können, und auf alle ihre Anfragen und Fragen schnell, freundlich und sanft zu antworten. E-Marketing ist nicht nur ein Zweig des Marketings im Allgemeinen, sondern repräsentiert die Natur des technologischen Zeitalters, in dem wir jetzt leben. Kein Wunder, dass E-Marketing wesentlich zur Entwicklung und Bildung des Marketingkonzepts im Allgemeinen beigetragen hat.

Tatsächlich gibt es Millionen oder sogar Dutzende Millionen Projekte, bei denen Marketing für Sie nur elektronisches Marketing bedeutet. Diese Projekte basieren natürlich auf Internet-Technologie und dienen in erster Linie Internetnutzern. Dies umfasst alle Websites im Internet sowie Online-Shops, die Internetnutzern eine einfache Möglichkeit bieten, das zu kaufen, was sie benötigen. Natürlich verlassen sich auch die meisten Projekte vor Ort stark und grundlegend auf elektronisches Marketing, um ihre Produkte oder Dienstleistungen zu vermarkten.

WARUM IST E-MARKETING FÜR SIE ALS GESCHÄFTSINHABER SO WICHTIG?

In diesem Teil werden wir einige wichtige Gründe ansprechen, die die Bedeutung des E-Marketings für jeden Geschäftsinhaber belegen. Natürlich sind diese Gründe auch die Gründe, die Tausende Personen dazu bringen, E-Marketing zu erlernen, um enorme Beschäftigungsmöglichkeiten zu erhalten.

Sie können diesen Teil auch als die Vorteile des E-Marketings bezeichnen.

1. <u>Online-Marketing ist der beste Weg für potenzielle Kunden:</u> Atmen Sie tief ein und versuchen Sie, sich die Anzahl der Internetnutzer im Moment vorzustellen. Sie müssen sich nur umschauen, um zu sehen, dass Ihre Freunde, Familie und Mitarbeiter das Internet nutzen, und wenn Sie nur den Statistiken glauben. Laut Statistik erreichte die Zahl der Internetnutzer im Januar 2019 weltweit 4,4 Milliarden Menschen, d.h., mehr als die Hälfte der Weltbevölkerung nutzt das Internet täglich.

2. <u>Wettbewerber, die E-Marketing nutzen:</u> Das Internet bietet die Möglichkeit, so viele potenzielle Kunden wie möglich für Ihr Unternehmen zu erreichen. Ob Sie diese Gelegenheit nutzen oder nicht, Ihre Konkurrenten tun es oder zumindest sind sie schlau. Wenn Sie das E-Marketing aufgeben, verlieren Sie einen sehr wichtigen Wettbewerbsvorteil.

3. <u>Potenzielle Kunden gehen davon aus, dass alles online ist:</u> Wenn Ihre potenziellen Kunden Ihr Produkt oder Ihre Dienstleistung kaufen möchten, suchen sie

im Internet. Wenn niemand für Sie da ist, werden sie Sie vollständig ignorieren, oder Sie werden gar nicht erst daran denken.

4. <u>E-Marketing hilft Ihnen, einen neuen Markt zu schaffen:</u> E-Marketing kennt die Grenzen von Zeit und Raum nicht, sodass Sie einen neuen Markt schaffen und mehr neue potenzielle Kunden gewinnen können. Elektronisches Marketing bietet eine effektive Möglichkeit, direkt mit den Kunden zu kommunizieren. Mit den Tools des elektronischen Marketings können Sie tatsächlich mit Ihren potenziellen Kunden sprechen, als würden Sie sie von Angesicht zu Angesicht sehen. Auf diese Weise erhalten Sie neue Ideen, Vorschläge und Lösungen für Probleme mit Ihrem Produkt oder Ihrer Dienstleistung. Auch Ihre Kunden werden sich mit Ihrer Marke verbunden fühlen, weil sie Sie vor sich als eine vertraute Person sehen, die ständig mit ihnen kommuniziert.

5. <u>Online-Marketing bietet beispiellose Targeting-Vorteile:</u> Aufgrund der Daten und Informationen, die für jeden Internetnutzer verfügbar sind und die auf Ihren Marketingkanälen basieren, können Sie den richtigen Kunden zur richtigen Zeit erreichen. Dies ist wirklich

eine großartige Funktion, die das Internet von anderen Marketingmethoden unterscheidet.

6. <u>Online-Marketing ist das billigste von allen:</u> Dieser Punkt basiert in erster Linie auf dem vorhergehenden Punkt, der auf das Targeting abzielt. Durch E-Marketing zahlen Sie nur für Personen, die wirklich auf Ihr Unternehmen ausgerichtet sind, und Sie zahlen nach den von Ihnen bevorzugten Ergebnissen, die damit beginnen, das Bewusstsein für Ihr Produkt zu schärfen und den Abschluss eines vollständigen Verkaufs zu erreichen.

7. <u>E-Marketing liefert äußerst genaue Analysedaten:</u> Mit den im E-Marketing verfügbaren digitalen Analysetools können Sie alle gewünschten Informationen und Daten abrufen, um die angebotenen Produkte und Dienstleistungen zu verbessern.

DIE HAUPTELEMENTE DES E-MARKETINGS

E-Marketing basiert auf einer Gruppe von Elementen oder Komponenten, die den Online-Marketing-Prozess jeglicher Art steuern.

Daten

Daten sind das erste Hauptelement im E-Marketing, und daraus beginnt der Marketingprozess in seinem korrekten wissenschaftlichen Konzept. Das Ziel der Datenerfassung ist es, die Bedürfnisse des Zielkunden, sein Kaufverhalten, die erwartete Marktgröße, die Größe des Wettbewerbs, die Art der Wettbewerber usw. zu kennen. Hier ist anzumerken, dass die Rolle und die Bedeutung von Daten nicht nur am Anfang stehen, sondern dass sie ständig eine wichtige Rolle spielen, solange der Marketingprozess fortgesetzt wird.

Pläne

Die Pläne sind in unserem gesamten Leben sehr wichtig, und sie haben eine besondere Bedeutung im Geschäftsbereich im Allgemeinen, aber in Wirklichkeit hat der Plan, wenn wir über elektronisches Marketing sprechen, eine völlig andere Bedeutungsdimension.

Die Welt des elektronischen Marketings ist eine expandierende, miteinander verflochtene und belastbare Welt, die viele Kanäle, Möglichkeiten und Trends enthält. Für den Erfolg des Marketingprozesses über das Internet muss daher ein sorgfältiger und klarer Plan erstellt werden. Dies umfasst die Definition von Budgetierung, Marketingkanälen, Zuweisung von Aufgaben usw.

Werkzeuge

Jeder weiß, dass E-Marketing hauptsächlich auf Technologie basiert und Technologie wiederum auf vorbereiteter Software basiert, um Aufgaben mit deutlich geringerem Zeitaufwand erledigen zu können.

Hier sind E-Marketing-Tools eine sehr wichtige Komponente und spielen eine große Rolle in Erfolg in diesem Bereich. Wenn alles im Bereich des elektronischen Marketings manuell erledigt worden wäre, wäre Zahlreiches von dem, was in diesem Bereich bereits erreicht wurde, nicht geschafft worden. Beispielsweise wird im Internet ein Tool wie WordPress verwendet, mit dem Sie problemlos eine Website erstellen können. Es ist erwähnenswert, dass die Tools in allen Phasen und Aspekten des elektronischen Marketings eingesetzt werden.

Fähigkeiten

Tatsächlich gibt es in der Welt des elektronischen Marketings ziemlich viele Daten, und dies bietet folglich viele Optionen und Alternativen. Fast jedes andere Element ist bei jedem gleich, aber was den Unterschied ausmacht und einige zu außergewöhnlichen Ergebnissen führt, sind Marketingfähigkeiten. Die Marketingfähigkeiten eines E-Marketers hängen letztendlich davon ab und machen den Unterschied zwischen einem normalen E-Marketer und einem professionellen E-Marketer aus.

Zu den Marketingfähigkeiten gehören:

Kreativität, Innovation und Einsicht, und dies hängt hauptsächlich von der Art der Person und den Fähigkeiten des Online-Vermarkters ab: Die Fähigkeit, die besten Ergebnisse zu den niedrigsten Kosten zu erzielen. Dazu gehört die Reduzierung unnötiger Kosten und die Nutzung der verfügbaren Marketingmöglichkeiten. Die Fähigkeit, gute Beziehungen zu anderen aufzubauen, hilft dabei, eine kollaborative Umgebung zu schaffen, um die bestmöglichen Ergebnisse zu erzielen.

E-Marketing-Kanäle

E-Marketing hängt nicht von einem Kanal ab, sondern von vielen und verschiedenen Kanälen. Internet-Marketing-Kanäle zeichnen sich durch eine enge Verflechtung aus.

Bloggen

Bloggen ist eine wichtige Säule des Web-Marketings. Bloggen ist eine langfristige Marketingmethode, deren Ziel es ist, neue Kunden zu gewinnen und bestehende Kunden mit wichtigen Informationen und Daten zu versorgen, indem nützliche und hochwertige Inhalte in dem Bereich veröffentlicht werden, in dem das Unternehmen tätig ist.

Google, Facebook und Amazon haben Blogs, in denen sie die neuesten Nachrichten veröffentlichen und wichtige Artikel veröffentlichen, um auf ihre Produkte und Dienstleistungen aufmerksam zu machen.

Provisionsmarketing

Provisionsmarketing ist eine der genialen E-Marketing-Ideen, deren Idee darin besteht, dass Eigentümer von Waren oder Dienstleistungen einen Teil ihres Gewinns mit Provisionsvermarktern teilen, die für sie vermarkten.

Tatsächlich werden täglich Millionen von Dollar durch diese Art von Marketing gehandelt, und diese Art von Marketing eröffnet sowohl Produktbesitzern als auch Auftraggebern große Perspektiven und Möglichkeiten.

Marketing ist eine der Verwaltungswissenschaften, die versucht, die Bedürfnisse, Anforderungen und Wünsche der Kunden zu verstehen und diese dann durch die Dienstleistungen und Produkte des Unternehmens oder der Institution oder durch kommerzielle Aktivitäten zu erfüllen.

Marketing ist einer der wichtigsten Faktoren für den Erfolg eines Projekts oder Produkts. Durch den Aufbau von Marketingstrategien und die Verwendung verschiedener Werbemethoden ist es möglich, die Verbreitung und Expansion des Produkts auf dem Markt zu erreichen und die Präsenz des Unternehmens unter den Wettbewerbern durch den Aufbau einer eigenen Marke zu beweisen.

Förderung

Wie bei allen vorherigen Schritten ist Werbung ein wichtiges Marketingelement und möglicherweise das Rückgrat des Marketingprozesses. Hier werden Sie alle möglichen Werbemöglichkeiten untersuchen, die Ihnen Kanäle für die Kommunikation mit Kunden,

Kunden und der Öffentlichkeit eröffnen können, oder sie können wichtige Werbe- und Verkaufsförderungsinstrumente sein, um das Produkt oder die Dienstleistung zu verbreiten.

Natürlich gibt es viele Marketingoptionen und Werbekanäle, aber nicht alle sollten verwendet werden. Was den professionellen Vermarkter vom regulären Vermarkter unterscheidet, ist vielmehr die Fähigkeit des professionellen Vermarkters, die besten und am besten geeigneten Werbekanäle für die Art des Produkts zu bestimmen. Am sinnvollsten sind Werbekanäle, die es der Marke ermöglichen, die Zielgruppe vollständig zu erreichen und weniger effiziente Werbekanäle oder solche, die dem Unternehmen keinen Marketingwert verleihen, zu vermeiden.

Ohne Anwendung auf alle vorherigen Schritte hat der Marketingprozess keinen Wert. Marketing ist die Verwaltung des Plans, die Überwachung seiner Umsetzung und die Weiterverfolgung seiner Ergebnisse. Dies muss in einem spezifischen und klaren Rahmen innerhalb des Unternehmens, der Institution oder des Projekts erfolgen, in dem die Marketingstrategie umgesetzt wird.

Wenn eine Person Händler werden möchte, muss sie vor Ausübung des Handels eine Selbsteinschätzung für sich selbst durchführen, um festzustellen, ob sie ein echter Kaufmann ist oder nicht. Dies ist möglich, indem sie weiß, ob sie über Kenntnisse in Finanzfragen und Verhaltenspsychologie verfügt und ob sie die nötige Ausrüstung besitzt. Notwendig für das Unternehmertum ist, zusätzlich zu der Fähigkeit, lange zu arbeiten, die Fähigkeit, selbst zu lernen, ohne Anweisungen zu bekommen, und die Fähigkeit, Risiken einzugehen.

Schritte, um Sie zu einem erfolgreichen E-Marketer zu machen

Ein gutes Verständnis der Grundlagen des Handels wird den Erfolg des Berufs verbessern, und diese Grundlagen umfassen alle Informationen aus dem wirklichen Leben. Handelsrelevant sind: Kenntnis der Märkte, Änderungen der Angebots- und Nachfragepreise, Nachfragearten, Risikomanagement, Arbeitszeiten und Überwachung der Geschäftsentwicklung, Ermittlung des für den Handel erforderlichen Kapitals usw.

Eine ausreichende Ausstattung des Handels kann nicht möglich sein. Damit jeder einen festen Gewinn erzielen kann und es normal ist, Verlustperioden zu durchlaufen, und der Händler möglicherweise in aufeinanderfolgenden Geschäften mit einem Verlust konfrontiert ist, wird eine einzelne Transaktion durchgeführt, die das kompensiert, was er zuvor verloren hat, und es ist auch möglich, diese umzukehren. Daher ist der Eintritt in den Handel mit einem kleinen Kapital ein sicherer Weg des Scheiterns, und die Höhe des Kapitals variiert mit jeder Transaktion.

Obwohl das Üben kommerzieller Aktivitäten den Händler nicht zum Ideal im Beruf führt, verbessert es die Strategien bei der Arbeit, indem man die verschiedenen Marktveränderungen früher bemerkt, und der Händler kann feststellen, dass die Strategie, die er zuvor verwendet hat, nicht die erforderliche Leistung erzielt, was ihn dazu bringt, bessere Wege zu finden. Darüber hinaus ermöglicht die Erfahrung dem Händler, schnell mit Veränderungen auf dem Markt fertig zu werden.

Die Anwesenheit des Finanzmaklers: Der Händler benötigt einen Handelsmakler, wenn er mit der Ausübung kommerzieller Aktivitäten beginnt, und dessen Mission ist es, dem Händler den Zugang zu den Märkten zu ermöglichen, mit denen er arbeiten möchte. Der Händler bietet gute Angebote im Austausch für eine entsprechende Provision und auch als Handelspartner seiner Bedeutung kann der Händler Feedback geben.

Auswählen der Art des Handels: Eine Person muss die Art des Handels kennen, mit dem sie arbeiten möchte, und die beste berufliche Option für sie auswählen, da viele Optionen zur Verfügung stehen, z.B. die Eigentümer des Finanzflusses (Kaufen und Verkaufen für Bankkunden), Händler, die sich mit Banken befassen (Kaufen und Verkaufen), und Vertriebshändler (die direkt mit Kunden auf dem Markt arbeiten).

Sie sollten einen Geschäftsplan definieren, der für eine Reihe von Bestimmungen dient, die Geldmanagementstandards, den Ein- und Ausstieg aus dem Handel umfasst, und es ist vorzuziehen, dass der Händler seine Geschäftsidee nicht vor dem Testen seines Plans anwendet. Wenn Sie die Möglichkeit der Umsetzung und die logischen Erwartungen haben und wenn die Ergebnisse positiv sind, muss der getestete Plan sorgfältig befolgt werden, um einerseits Gewinn zu gewährleisten und andererseits die Sorge um den Erfolg des Handels gemäß den zuvor erwarteten Ergebnissen zu mindern. Ein Beispiel: Eine Person befasst sich mit ihrem Beruf als Job und betrachtet ihn nicht als Hobby oder Job, da er trotz des Fehlens eines monatlichen Gehalts als Job Engagement erfordert. Dies bedeutet, dass der

Händler doppelte Anstrengungen unternehmen muss und Strategien suchen und entwickeln muss, um seinen Beruf und seine Arbeit erfolgreich zu machen. Im Handel gibt es sonst einen Verlust.

Abschluss von Projekten: Dem Händler wird empfohlen, ein kleines Projekt zu starten, auch wenn er über genügend Geld und Erfahrung verfügt, da er eine neue Strategie mit weniger Kapital ausprobieren und das Projekt anschließend erweitern muss. Seien Sie sich seines Erfolgs sicher, da Märkte und Geschäftsmöglichkeiten für immer bestehen bleiben. Es kann jedoch schwierig sein, das für das Projekt ausgegebene Geld wieder herein zu bekommen, wenn es von Anfang an eine große Menge war, als wenn es mit einem kleinen Projekt zum Testen begann. Es ist einfach, das ausgegebene Geld wieder zusammenzusetzen, um seine Expansionsfähigkeit sicherzustellen. Das Projekt bringt dann immer mehr Geld ein.

Entwicklung der Fähigkeiten: Es gibt einige Fähigkeiten, die entwickelt werden müssen, um ein erfolgreicher Trader zu werden, und diese sind:

- Disziplin, da der Markt dem Einzelnen viele Möglichkeiten bietet, verschiedene Produkte zu handeln, aber es gibt einen kleinen Teil davon, durch den der

Einzelne ein erfolgreiches Geschäft abschließen kann, und daher sollte er sich darauf konzentrieren. Um die entsprechenden Gelegenheiten zu nutzen und nicht durch Überspringen der Anzahl von Trades und Aktionen abgelenkt zu werden, muss nur er auf eine bestimmte Anzahl von möglichen Gelegenheiten vorbereitet sein.

- Geduld: Geduld ist mit Disziplin verbunden, da das Geschäft viel Geduld erfordert, um auf die perfekte Gelegenheit zum Markteintritt zu warten und schnell zu handeln, um jede geeignete Gelegenheit zu ergreifen. Die Fähigkeit zur Anpassung, da sich jeder Tag im Leben des Handels von dem vorhergehenden und den folgenden Tagen unterscheidet, an denen viele Schwankungen in einer guten oder schlechten Richtung kommerziell auftreten, und der erfolgreiche Händler seine geeignete Strategie entsprechend der Marktsituation anwendet, um sie zum richtigen Zeitpunkt zu verwenden oder zu stoppen, weil sie sich nicht anpasst, führt oft zu einer Kapitalherabsetzung.

- Akzeptieren Sie Verluste: Viele verlorene Projekte und Deals können auf dem Markt passieren, daher muss ein erfolgreicher Trader Verluste akzeptieren und darf nicht frustriert sein, wenn seine

Geschäftsstrategie scheitert, auch wenn sein Leben miserabel sein wird. Unabhängig davon kann der Händler Hilfe durch Artikel oder Bücher erhalten oder Anleitung erhalten, aber am Ende ist er es, der seinen eigenen Erfolg bestimmt und für seine Gewinne und Verluste verantwortlich wird. Wenn der erfolgreiche Trader an die Zukunft denkt, befasst er sich nicht mit der Vergangenheit, sondern nutzt sie, um sich für seine Zukunft zu entwickeln, und plant seine nächsten Schritte in seinem Handel.

- Kommerzielle Erfahrung: Ein erfolgreicher Trader muss das notwendige Fachwissen in Bezug auf sein Geschäft erwerben, um geeignete Wege zur Verbesserung und Entwicklung seiner Strategien zu finden, da er Markttrends kennen und diese in seinem eigenen Interesse nutzen kann, ohne die Erfahrung zu haben, dass einige Methoden nicht mehr gut funktionieren. Die Erfahrung hilft ihm auch, mit den Veränderungen auf dem Markt gut umzugehen, was ihm neue Horizonte eröffnet.

- Kenntnis der Märkte: Eine Person muss ein Händler sein, der über eine solide Grundlage für die Kenntnis der Mechanismen der Märkte verfügt, da er die Handelszeiten an der Börse und die Feiertage kennen sollte.

Es gibt viele Dinge, die komplizierter und für ihn sehr wichtig sind, wie zum Beispiel: die Auswirkung der Bedingungen und der Medien auf die Marktanforderungen und die Dinge, die handelbar und auf dem Markt sehr gefragt sind. Daher benötigt eine Person einen breiten Wissenshintergrund in den betreffenden Märkten, um Händler zu sein.

- Rationale Entscheidungen: Ein Händler sollte sicherstellen, dass er sein Geschäft systematisch, nicht emotional sowie rational ausübt, indem er sich entwickelt, indem er Emotionen verwaltet und sich an Handelsstrategien anpasst, ohne im Falle einer Rezession auf dem Markt oder eines irrationalen Kaufs Panik oder Angst zu übertreiben, und immer die Vernunft berücksichtigt. Entscheidende Angelegenheiten sind Angelegenheiten, die festgelegt werden sollten, um seine Geschäftsentscheidungen nicht zu beeinflussen - und schon ist das Projekt erfolgreich.

Eine gute Kommunikation mit Kunden ist eine der Grundvoraussetzungen für einen erfolgreichen Handel. Das bedeutet, genau das zu beschreiben, was der Kunde sich wünscht, aber ein erfolgreicher Trader ist auch derjenige, der es basierend auf dem, was er gehört hat, bestimmen kann.

Die Verwendung von Technologie hilft, Technologie im Handel zu verwenden, um die Marktbedingungen anzuzeigen und zu analysieren, wobei das Erhalten der neuesten Updates per Mobiltelefon hilft, den Handel von jedem Ort aus zu kontrollieren. Ein schnelles Internet-Abonnement trägt beispielsweise auch zur Verbesserung der Geschäftsleistung bei.

Schutz des Kapitals: Der Händler muss sein eigenes Kapital behalten, obwohl er einem Verlust ausgesetzt ist, da eine Person lange Zeit benötigt, um Mittel für den Handel bereitzustellen. Daher wird empfohlen, im Handel keine Risiken einzugehen, um die Kontinuität des Geschäfts zu gewährleisten.

Stop-Loss: Der Begriff Stop-Loss ist ein beliebter Begriff in der Geschäftswelt. Er bezieht sich auf einen möglichen Prozentsatz oder auf Geldbeträge, die vor Projektbeginn festgelegt werden und die der Händler als Verlust in seinem Handel tragen kann. Die Festlegung dieses Betrags ist eine gute Sache. Weil der vermutete Verlust an Handelstechnologie erwartet wird und begrenzt ist, verringert sich das Verlustrisiko während des Geschäftsprozesses.

Aufrichtige Selbsteinschätzung: Die Person muss vor der Gründung eines Unternehmens über eine Reihe von Fähigkeiten und Merkmalen verfügen, z. B.:

Kenntnisse in Finanzanalyse und Verhaltenspsychologie (bei sich selbst und bei anderen), Handelsfähigkeiten, neben der Kenntnis der Anforderungen der kommerziellen Arbeit, wie z. B. lange Arbeitszeiten und chaotische Arbeitszeiten, sowie Eigenständigkeit beim Lernen ohne Anleitung und ohne Angst vor Risiken und Engagement für die für den Erfolg der Arbeit erforderlichen Aktivitäten.

Natürlich ist für jeden der vorherigen Schritte jemand verantwortlich, der ein Spezialist für den im Schritt besprochenen Teil ist. Die Promotion wird von einem Promotionsspezialisten durchgeführt, sei es in sozialen Medien. Hier benötigen Sie einen Social Media-Spezialisten oder es wird über traditionelle Marketingkanäle gemacht.

Für die Umsetzung und Durchführung der Strategie sowie die Überwachung der Ergebnisse und der Leistung ist der Marketingmanager verantwortlich.

DIE ANALYSE

Die Analyse bedeutet hier, die Ergebnisse der Strategie und die Daten zu untersuchen, die sich aus der Anwendung und Umsetzung des Plans ergeben. Die Bedeutung der Analyse besteht darin, dem gesamten

Marketingteam zu helfen, das Publikum, das Produkt, den Markt, die Wettbewerber und den Marketingprozess besser zu verstehen. Daher hilft die Analyse dieser Daten, effizientere Marketingentscheidungen zu treffen.

Wenn Ihnen beispielsweise Daten und Zahlen zeigen, dass eine der Kategorien, die Sie im Teilungs- und Segmentierungsschritt für die Öffentlichkeit identifiziert haben, diejenige ist, die zum größten Teil Ihres Projekts oder des Unternehmens gekauft wird, bedeutet dies, dass Sie sich stärker auf diese Kategorie konzentrieren müssen, um die Loyalität zu Ihren Produkten zu erhöhen und deren ständige Präsenz in Ihrem Publikum sicherzustellen.

Wenn die Daten jedoch zeigen, dass in einer dieser Kategorien kein Kauf getätigt wurde, ist es für Sie selbstverständlich, die Ausrichtung auf diese Kategorie zu beenden, da Sie keinen Wert verifizieren können, oder Sie können sie mit einer neuen Strategie neu ausrichten, sodass Sie sie für den Kauf bezahlen.

Kurz gesagt, Analyse ist der Mechanismus, der es Ihnen ermöglicht, die Ergebnisse besser zu verstehen und daher im Licht dieser Ergebnisse zu handeln, um die von Ihnen überwachte Strategie zu entwickeln, Mechanismen zu entwickeln, die auf Ihre Zielgruppe abzielen, oder bei Bedarf den gesamten Marketingprozess zu verbessern.

Damit haben Sie ein klares Bild der Grundlagen des Marketings und der grundlegenden Abläufe von Schritten und Phasen eines Marketingprozesses, sei es Marketing in seiner modernen Form, bekannt als elektronisches Marketing, oder Marketing in seiner traditionellen Form.

Produktlebenszyklus: Jedes Produkt, das vermarktet wird, hängt davon ab, ob es einen Lebenszyklus durchläuft, der bei seiner Produktion und Vermarktung hilft, bis es die Kunden erreicht. Wenn es nicht erfolgreich ist und Informationen über die Hauptphasen des Produktlebenszyklus vorliegen, kann dies zum Tod des Produkts führen.

Die Einführung des Produkts: Dies wird vom Eigentümer des Unternehmens durchgeführt. Bei der endgültigen Entscheidung über das Produkt, das er herstellen möchte, ist er bestrebt, die für die Herstellung des Produkts erforderlichen Rohstoffe bereitzustellen und dann die entsprechende Werbung zu machen und Kunden anzulocken. Das Produkt kann durch die Verteilung von kostenlosen Mustern beworben werden, um es durch Kunden bewerten zu lassen, bevor es auf den Markt gebracht wird.

Produktwachstum: Dies ist die Phase nach der Markteinführung des Produkts, in der eine angemessene Pflege erforderlich ist, damit es sich innerhalb des Marktes verbreitet, indem es die kontinuierliche Nachverfolgung mit den Kunden fördert und sicherstellt und indem Abweichungen oder Fehler behoben werden, wenn sie auftreten.

Produktstabilität: Dies ist das Eintreffen aller Informationen über das Produkt bei Kunden, wo diese direkt damit umgehen können. Daher muss der Eigentümer der Anlage Informationen über die Produktspezifikationen bereitstellen und die Fortsetzung seines Produktionsprozesses sicherstellen, bis diese auf dem Markt präsent bleiben, da es wichtig ist, an kommerziellen Festivals teilzunehmen. Welche Methoden helfen, das Produkt vorzustellen und neue Kunden zu gewinnen, ist sehr unterschiedlich.

Der Tod des Produkts: Das ist das Stadium, das das Produkt erreichen kann, wenn es keine Bedingungen oder eines der vorherigen Stadien erreichen kann, insbesondere wenn es zu inakzeptablen Preisen auf den Markt gebracht wird oder wenn schwache und begrenzte Werbemittel verwendet werden oder wenn andere Produkte entstehen, die leistungsfähiger sind und mit dem Produkt konkurrieren. All diese Faktoren führen dazu, dass Kunden das Produkt ablehnen, die Verkaufsrate sinken und sein Tod eintritt.

Tipps für den Marketingerfolg: Jeder Geschäftsinhaber ist bestrebt, seine Produkte erfolgreich zu vermarkten. Daher muss er die folgenden Ratschläge befolgen: Es muss klar sein, dass Kunden die Hauptschlagader der Einrichtung sind und somit das Geschäft oder das Produkt ohne Kunden nicht erfolgreich sein kann. Stellen Sie ein Produkt sicher, dass die Kundenwünsche erfüllt und deren Zufriedenheit mit dem Geschäft erfüllt.

Eine Statistik über Instagram-Marketing, die Sie kennen sollten

Social Media ist jeden Tag neu und viele Änderungen wirken sich auf die Marketingmethoden aus, die Vermarkter verwenden. Diese Änderungen können entweder eine Aktualisierung des Systems der Social Media-Plattformen sein oder die demografischen Informationen für Benutzer der Social

Media ändern, oder aber das Verhalten von Social-Media-Nutzern.

Mithilfe dieser Statistiken können Sie auf allen Social-Media-Plattformen mehr Informationen über Ihre Zielgruppe erhalten.

"Instagram hat die besten Marken mit einer Rate von 4,21%, was 58-mal höher als Facebook und 120-mal höher ist als die von Twitter." - (Quelle: Hootsuite).

Instagram ist zu einer leistungsstarken Marketingplattform geworden und keines seiner Potenziale kann mehr vernachlässigt werden.

„Medienorganisationen sind auf Instagram am aktivsten, während Handels- und Finanzdienstleister sowie Konsumgüterunternehmen am wenigsten verfügbar und aktiv sind." (Quelle: Simply Measured)

Das Interesse von Marken am Aufbau einer effektiven Präsenz auf Instagram ist selbstverständlich geworden und macht es erforderlich, die Dienstleistungen und Erfolge der Marke in einem Meer aktiver Nutzer zu beleuchten. Schauspieler sind aktiv auf Instagram.

"41% der Vermarkter haben visuelle Werbung über Instagram verwendet und 44% planen, sie für dieses Jahr zu verwenden." - (Quelle: wyzowl.com).

"Fast 90% der Instagram-Nutzer sind jünger als 35 Jahre." - (Quelle: ScienceDaily).

Instagram ist zum sozialen Netzwerk der Zweitausender-Generation geworden, da 32% der Teenager Instagram als das wichtigste soziale Netzwerk für sie betrachten.

"Es ist wahrscheinlich, dass weibliche Internetnutzer Instagram häufiger nutzen als Männer; um 38% bis 26%." (Quelle: ScienceDaily).

"Der produktbezogene Inhalt war der beste und interaktivste Inhaltstyp für die 200 weltweit größten Marken mit einer Interaktionsrate von 60% im Jahr 2015 und einer Interaktionsrate von 20% für Lifestyle-Inhalte." - (Quelle: Hootsuite).

Dies sind gute Nachrichten für Vermarkter. Menschen, die Marken auf Instagram folgen, wissen und akzeptieren die Tatsache, dass sie Produkten ausgesetzt sind und sogar mit ihnen interagieren.

"Posts, für die ein anderer Benutzer markiert wurde und deren Prozentsatz (56%) oder ein geografischer Standort (79%) beträgt, weisen eine viel höhere Teilnahmequote auf als die nicht markierten." - (Quelle: Einfach gemessen).

Vergessen Sie also nicht, Ihren Instagram-Posts "mit wem" und "wo" hinzuzufügen.

"Karussells erhalten mehr organische Interaktionen als Instagram-Videos und -Fotos. Instagram-Nutzer verbringen 2020 täglich 28 Minuten auf der Plattform." (Socialbakers)

Durch all die Vorteile, die Ihnen dieses Kommunikationsmedium bietet, können Sie mit aller Professionalität an diesem Thema arbeiten und Ihre Werbemethoden ausarbeiten, die Sie auf dem Markt auszeichnen und die Öffentlichkeit dazu bringen, das zu lieben, was Sie anbieten, und sich immer an Sie zu erinnern.

Herstellung und Verlag:
BoD – Books on Demand, Norderstedt
ISBN: 9783754339046

1. Auflage
Kontakt: Psiana eCom UG/ Berumer Str. 44/ 26844 Jemgum
Covergestaltung: Fenna Larsson
Coverfoto: depositphotos.com

FSC
www.fsc.org

MIX

Papier aus ver-
antwortungsvollen
Quellen
Paper from
responsible sources

FSC® C105338